Bibliographic information published by the German National Library:

The German National Library lists this publication in the National Bibliography; detailed bibliographic data are available on the Internet at http://dnb.dnb.de .

Imprint:

Copyright © 2018 GRIN Verlag
Print and binding: Books on Demand GmbH, Norderstedt Germany
ISBN: 9783668608191

This book at GRIN:

https://www.grin.com/document/386895

José Raúl Pérez Martínez

El mouse o ratón. Periférico de uso casi obligatorio en los tiempos actuales

GRIN Verlag

GRIN - Your knowledge has value

Since its foundation in 1998, GRIN has specialized in publishing academic texts by students, college teachers and other academics as e-book and printed book. The website www.grin.com is an ideal platform for presenting term papers, final papers, scientific essays, dissertations and specialist books.

Visit us on the internet:

http://www.grin.com/

http://www.facebook.com/grincom

http://www.twitter.com/grin_com

Título: El mouse o ratón: periférico de
uso casi obligatorio en los
tiempos actuales.

Autor: José Raúl Pérez Martínez
Especialista en Gestión de la
Información. Técnico en
Informática. Máster en Estudios
Sociales de la Ciencia y la
Tecnología. Diplomado en
Capacitación y Desarrollo.

Resumen (español)

El mouse o ratón constituye un periférico de uso casi obligatorio en la actualidad, la inmensa mayoría de las computadoras de escritorio incluyen a este utilísimo elemento como parte acompañante de sus configuraciones. El surgimiento y auge de las interfaces gráficas de usuario son las principales responsables de su auge y consolidación en el mercado, se trata de un periférico de entrada a quien le asiste la capacidad de digitalizar los datos introducidos por el usuario y enviarlos al ordenador para ser procesados, de una manera ágil y cada día más precisa. La utilidad de este aditamento, su diversificación en la más amplia variedad de formas y tamaños, así como la necesidad de conocer sus detalles de arquitectura y prolongar su vida útil, obteniendo de este periférico el más óptimo rendimiento, han sido los objetivos y móviles abordados en el presente ensayo académico

Abstract (English):

The mouse is a peripheral of almost mandatory use at the present time; the vast majority of desktop computers include this very useful element as an accompanying part of their configurations. The emergence and boom of the graphical user interfaces are the main responsible for its apogee and consolidation in the market, it is an input peripheral endowed with the ability to digitize the data entered by the user and send it to the computer in order to be processed, in an agile and every day more precise way. The utility of this peripheral, its diversification in the widest variety of shapes and sizes, as well as the need to understand its architectural details and prolong its useful life, obtaining from the mouse its most optimal performance, have been the objectives and mobiles addressed in the present academic essay

Índice.

Introducción:

En un día normal de trabajo el informático ocupa su puesto frente a su ordenador de escritorio. Ante él se encuentra el teclado, mientras que a su derecha (o izquierda) aparece un artefacto de presencia casi obligatoria en los tiempos modernos, de diseño atractivo, ergonómico y de un color que armoniza con el conjunto de equipos y otros objetos que rodean a la computadora; este aditamento es el mouse o ratón. La computadora despierta tras un breve período de espera y el informático agiliza las primeras operaciones recorriendo velozmente todo el espacio disponible en la pantalla con el auxilio de su mouse.

El vocablo mouse proviene del idioma Inglés y significa ratón. Para las ciencias informáticas esta palabra adquiere una connotación especial, toda vez que es la empleada para designar al dispositivo apuntador que emplea un puntero, flecha o cursor, para declarar los movimientos que le son aplicados por el usuario en dos dimensiones (X, Y), movimientos que tienen lugar al ser desplazado el mouse sobre una superficie plana y reflejarse esta traslación en la pantalla de que dispone el ordenador. [1]

Se trata de un dispositivo que, debido a su ergonómica figura, ligero peso y fácil desplazamiento, se ajusta naturalmente a la mano de cualquier persona y que dispone de una dotación de botones (2 o más), así como ruedas u otros elementos adicionales que tornan sumamente fácil y agradable la experiencia de navegar por el interfaz gráfico del sistema operativo, activar aplicaciones o manejar las opciones de un menú, incluso acudir a los recursos adicionales de un menú contextual dado, todo esto con la agilidad y precisión que ofrece al usuario un cierto tiempo de entrenamiento. [2]

El mouse es también un periférico; denominación genérica que se utiliza para designar al aparato o aditamento auxiliar e independiente, conectado a la unidad central de procesamiento de la computadora. Se consideran periféricos a las unidades o dispositivos de hardware a través de los cuales los ordenadores se comunican con el exterior, permitiendo realizar operaciones de entrada / salida complementarias al proceso de datos que realiza la Unidad Central de Procesamiento o CPU (por sus siglas en Inglés). [3]

Al mouse o ratón, como a otros periféricos de entrada, les asiste la capacidad de digitalizar los datos introducidos por el usuario y enviarlos al ordenador para ser procesados [4], algunos de estos dispositivos disponen de un microprocesador en su interior mientras otros diseños depositan esta tarea de cálculo en el microprocesador presente en una tarjeta de expansión insertada en el interior de la computadora.

El color de un mouse puede variar tanto como su tamaño, su apariencia o su peso. Las más disímiles variantes presentes en el mercado actual incluyen ratones desde un color muy cercano al blanco, hasta el negro total, pasando por variadas combinaciones de negro y azul, plateado y verde, entre muchas otras. Sus dimensiones cambian desde una exquisita miniatura pensada para la mano de un niño o niña, hasta el tamaño voluminoso que agradece un usuario de estatura y complexión física considerables, semejante variedad dota al periférico en cuestión de una mayor adaptabilidad y ergonomía por lo que refuerza el hecho de que todo usuario quiera disponer de un mouse que satisfaga sus necesidades y preferencias.

El presente ensayo pretende abordar los aspectos más importantes de este periférico, en lo que respecta a:

> Los antecedentes históricos del mouse o ratón.
> Las variantes más comunes por las que ha transitado el mouse en su evolución.
> Los detalles técnicos y de arquitectura que son esenciales para el funcionamiento de los modelos abordados.
> Los cuidados que deben tenerse en cuenta para prolongar la vida útil de este periférico y obtener de él su más óptimo rendimiento.

Desarrollo:

Precisamente en 1952 y más o menos unos dieciséis años antes de la presentación pública del primer mouse, el Comando Marítimo de las Fuerzas Canadienses recabó el apoyo de un conjunto de compañías independientes con el objetivo de obtener su participación en una variedad de proyectos, para los cuales se buscaba aunar también la colaboración de varias universidades, entre otras instituciones.

Traer a la luz un equipo que aportara la ventaja de compartir datos procedentes de diversos sistemas de detección de objetos, tales como radares y sonares en tiempo real era uno de los proyectos en la mira de las fuerzas canadienses de aquel entonces, este curioso diseño perseguía la meta de hacer llegar a los soldados una visión unificada del campo de batalla, lo más compleja y completa posible; semejante proyecto llegó hasta nuestros tiempos con el nombre de DATAR. Este artefacto quedó provisto de un elemento que, al parecer, sentó ciertas bases y proyectó su huella en los primeros modelos de mouses o ratones, toda vez que los operadores del DATAR hacían llegar los datos de los radares a través de un trackball, es decir: por medio de una especie de subsistema provisto de una esfera en el que, para poder mover el cursor, bastaba con girar dicha esfera ubicada en el dispositivo.

Como comenta el sitio titulado Informáticahoy [5]"... este primer trackball no tenía la elegancia y el peso de los modelos actuales. Para tener una idea, la Marina Canadiense usaba una bola del tamaño de una de boliche para la construcción de ese dispositivo, y como se trataba de un proyecto militar y por lo tanto secreto, éste trackball nunca fue registrado".

Un hombre que se adelantó a su tiempo:

Incluso en los tiempos en que aún las computadoras no disponían de una agradable e intuitiva interfaz gráfica, ya se presentaban especialistas interesados en mejorar la interacción hombre-máquina, tal es el caso de Douglas Engelbart, un veterano de la Segunda Guerra Mundial quien, por coincidencia más no por azar, sirvió como operador de radar en las Filipinas, pues de radares y cuadrantes parecen estar fundamentadas las bases del periférico objeto de análisis en el presente ensayo.

Este visionario y emprendedor intelectual retornó a su país de origen, Los Estados Unidos, a estudiar Ingeniería Eléctrica en la Universidad Estatal de Oregon, de la que se graduaría en 1948 para posteriormente obtener el título de grado de Ingeniería de la Universidad de Berkeley (1952), así como un Doctorado en la misma Universidad en 1955. Al poco tiempo, pasó a formar parte del Stanford Research Institute, un laboratorio dependiente de la Universidad de Stanford, en el que trabajaría en el Augmentation Research Center formando parte del equipo desarrollador de uno de los primeros sistemas online. Durante su permanencia en Stanford trabajó en la elaboración de nuevas interfaces de interacción entre hombres y máquinas, tales como las interfaces gráficas (mapas de bits, ventanas, entre otros recursos) que le llevaron a idear un sistema que permitiese manejar el interfaz gráfico de manera natural. [2]

Douglas Engelbart (Premio Turing en 1997) junto a Bill English trabajaron en un sistema denominado X-Y Position Indicator for a Display System (así consta en la patente) que presentaron en otoño de 1968 en una conferencia en San Francisco en la que Engelbart, durante una presentación de 90 minutos, realizó la primera demostración pública del mouse que incluyó una conexión remota a su centro de investigación. [2]

Este primer prototipo de mouse consistía en un rústico constructo provisto de un pesado chasis o carcasa de madera de formas nada estilizadas mientras un único botón de color rojo ubicado en su parte superior hacía posible la ejecución de diversas acciones desarrolladas a decisión del usuario. Dos ruedas metálicas que entraban en contacto directo con la superficie de desplazamiento, eran las responsables de mover dos ejes que determinaban la traslación vertical y horizontal del cursor en la pantalla del ordenador, mientras un cable que afloraba de uno de los lados, simulaba de alguna forma, la cola de un ratón [5]. En ningún caso puede aseverarse que la estética del primer mouse cautivara por su belleza o por sus gráciles y sinuosas formas.

El nacimiento del mouse de Engelbart tuvo lugar en una época signada por un entorno en el que la comunicación hombre-máquina se realizaba a través de líneas de texto; no cualquier oficinista disponía de un ordenador en su escritorio y los especialistas que hacían uso de estos equipos se empleaban a fondo en el dominio de una especie de segundo idioma constituido por los comandos y posibles sintaxis disponibles en el sistema operativo del ordenador, solo estos recursos textuales hacían posible ejecutar las acciones deseadas.

En un ambiente como el aquí descrito, acompañado por una mentalidad "orden-ejecución", no todos los entendidos vieron con claridad la oportunidad y el aporte que constituía el dispositivo propuesto por los especialistas Douglas y Bill, a esto se debió que el propio Engelbart se sintiera muy defraudado en los meses que siguieron, pues esperaba que el grano de arena por ellos lanzado al estanque de la tecnología creara inmediatas ondas y que un número considerable de tecnólogos y otros expertos plantearan soluciones que giraran en torno a su propuesta inicial, pero semejante "boom" no tuvo lugar de inmediato. [2]

El mouse conquista mayores espacios y se diversifica. Diferentes tipos de mouse disponibles en la actualidad

La verdadera expansión del Mouse se registra a partir de la proliferación de Interfaces Gráficas de Usuario o Graphic User Interfaces — GUI, por sus siglas en Inglés — en las cuales resulta fácil apreciar las ventajas que brinda el mouse para la gestión de un sistema microinformático. Por medio del GUI y el Mouse el usuario ve ampliamente potenciado su control sobre la computadora, toda vez que les es posible realizar un amplio y variado conjunto de operaciones, minimizando su interacción con el teclado y sin tener que recurrir a los comandos ya referidos.

En la década de los años 70 del pasado siglo, la compañía Xerox ya había desarrollado el concepto de mouse digital, que dejaba atrás el uso de los resistores variables y los circuitos de conversión analógico-digitales presentes en el modelo de Engelbart [6], pero tuvieron que pasar dos décadas hasta que en 1984 Apple Macintosh lanzara al mercado un modelo de computadora (el original Macintosh) que sustituía la tradicional línea de comandos del sistema operativo por un GUI. Para poder usar este GUI, el Macintosh incluía un modelo de ratón desarrollado a partir de las investigaciones realizadas durante los años 70 por el Xerox PARC (Palo Alto Research Institute), que dieron lugar a la invención del "ratón de bola" que ha sobrevivido hasta nuestros días y cuya arquitectura se detalla en el presente ensayo. [7]

El lanzamiento de Apple tuvo un éxito inmediato, por el escaso coste del dispositivo y el poco espacio que ocupaba en el escritorio. En la arquitectura PC los sistemas operativos no ofrecían soporte para el ratón, y fue la aparición de Windows 3.0 (la primera versión de Windows realmente popular) en 1990 la que, además de convertir al IBM PC en un serio rival para los Mac, confirmó al ratón como el dispositivo apuntador preferido por el público. Fueron los trabajos realizados en la EPFL (École Polytechnique Fédérale de Lausanne) los que vieron nacer al ratón tal como lo conocemos hoy, y fue la empresa Logitech (que nace a partir de la EPFL) la que comercializo los primeros ratones que se hicieron populares a gran escala (el Logitech First Mouse es, según la empresa, el modelo más vendido en la historia de estos dispositivos). [7]

El tradicional mouse de bola es uno de los más comunes, ampliamente utilizado, barato y sencillo de los ratones informáticos; basa su arquitectura en una bola o esfera sólida recubierta por una sustancia adherente que entra en contacto físico directo con la mesa de trabajo. Cuando el mouse es movido por la superficie, su bola gira con absoluta libertad en todos los sentidos posibles, transmitiendo así

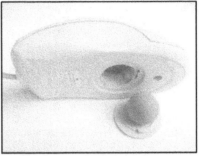

su movimiento a dos rodillos mecánicos situados en el interior de la carcasa. Uno de esos rodillos es el encargado de captar los desplazamientos horizontales mientras en otro realiza igual tarea con las traslaciones verticales de la bola, ambos se encuentran conectados a codificadores digitales que transforman el movimiento en impulsos eléctricos los cuales a su vez son enviados a la computadora [6]. Los más actuales modelos de este tipo incorporan un microprocesador a su diseño por lo que son capaces de realizar cálculos más complejos y enviar datos mucho más precisos y depurados al ordenador.

Una variante muy parecida al mouse de bola es **el mouse de rodillo**. El mecanismo de este es muy similar, con la diferencia de que la bola queda sustituida directamente por los rodillos quienes entran en contacto directo con la superficie horizontal por la cual se desplaza el ratón. Con esto se consigue simplificar aún más el mecanismo y reducir los costos de producción del periférico.

Fue en 1999 que surgió **el primer modelo comercial de mouse óptico**, a pesar de que las investigaciones realizadas sobre esta tecnología aportaban ya valiosos resultados desde la década de los años 80 del pasado siglo. Dicho modelo presentó mejoras significativas comparándolo con los ratones mecánicos, toda vez que este modelo no acumula suciedad ya que viene sin elementos mecánicos móviles en su parte inferior, lo cual evita que el usuario tenga que abrir periódicamente el dispositivo para limpiarlo. La serie IntelliMouse fue la primera en incorporar el scroll Wheel (la rueda de scroll entre los dos botones). [5]

Estos ratones presentan un pequeño sensor óptico montado en la parte

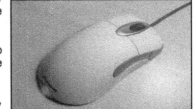

inferior de la unidad que toma repetidas imágenes de la superficie directamente debajo del mouse, iluminado por una luz LED (sigla de la expresión inglesa light-emitting diode, 'diodo emisor de luz'). A medida que el usuario mueve el mouse, la computadora compara estas fotos una con otra, detectando las diferencias y extrapolando en cual dirección se mueve el mouse y en qué medida. [3]

Un caso muy particular e interesante de mouse que también utiliza diodos emisores de luz lo constituye **el ratón opto electrónico**. Se trata de una arquitectura que combina medios ópticos para obtener así una coherente traducción de los movimientos mecánicos en señales de dirección. El segmento óptico del sistema incluye pares de LEDs y sensores de búsqueda mientras la parte mecánica está compuesta por unas ruedas rotatorias dotadas de muescas, algo muy semejantes a los elementos empleados por los dispositivos mecánicos tradicionales. Cuando el usuario desplaza el mouse, el girar de las ruedas hace que la luz de los diodos pase a través de las muescas activando un sensor de luz o que quede obstaculizada por los componentes sólidos de las ruedas. Los pares de sensores detectan estos cambios de luz y los traducen como indicaciones de desplazamiento. Un ligero desfase entre los sensores hace posible que la dirección del movimiento sea establecida determinando qué sensor ha sido el primero en volver a obtener el contacto luminoso.

Ya en el año 2004 se aprecia la pujante presencia en el mercado de otras variantes de ratones ópticos, lo cual ocurre a consecuencia de la evolución de los mismos, y en los que se aprecia la sustitución de la tecnología LED por un iluminador de punta láser, a veces infrarroja y visible a simple vista. Estos modelos incorporan un sistema óptico de detección más sensitivo que le otorga una resolución mucho mayor, lo que permite al mouse detectar incluso los movimientos más sutiles. Otros tipos de mouse de láser incluyen pares de láser para una precisión aún mayor, y algunos de estos modelos pueden funcionar incluso sobre vidrio o superficies reflectantes. [3, 5]

Cómo mantener saludables a nuestros ratones de escritorio

Todas aquellas personas que pasamos muchas horas frente a un ordenador entendemos la importancia de mantener "saludable" a nuestro ratón, es decir: eliminar con regularidad las fuentes potencialmente generadoras de disfunciones y roturas de nuestro mouse; aunque solo sea por lo tremendamente incómodo que resulta intentar hacer funcionar a un mouse demasiado sucio o ya defectuoso, sin contar con la cuota de tiempo perdido que dicha faena implica. Para evitar estos inconvenientes se hace imprescindible el mantenimiento periódico del mouse. Semejante tarea no resulta costosa ni tiene que ser ejecutada obligatoriamente por un experto. Nosotros, los usuarios podemos aplicarle al mouse el mantenimiento preventivo que

requiere.

En el caso del **Mouse de bola**, prácticamente en cualquiera de sus variantes, formas y modelos: su principal inconveniente radica en la acumulación de impurezas, tanto en la bola como en los rodillos que se encuentran en contacto con la misma, lo cual obedece al constante roce de dicha bola con la superficie horizontal por la cual se desplaza, si se desea un mouse limpio y presto a cumplir nuestras órdenes basta con seguir los siguientes pasos:

- Desconectamos el mouse del ordenador cuidadosamente, evitando torsiones o tirones bruscos que puedan afectar el conector del ratón o el puerto al que se encuentra anclado. Tras colocar el periférico en una mesa limpia, procedemos a limpiar la superficie externa de su carcasa así como su cable, para esta tarea ha de emplearse un paño húmedo y suave, desprovisto hasta de la más mínima aspereza, así como un segundo paño igualmente suave pero seco, que retire la humedad y el polvo de las partes tratadas.

- A continuación invertimos la posición del mouse sobre la mesa y, con la ayuda de un fino destornillador de estrías, quitamos la tapa que sirve de soporte a la bola rotatoria del periférico para proceder a limpiarla en la misma forma que limpiamos los elementos ya descritos.

- Al retirar la bola, quedan al descubierto los rodillos que entran en contacto con esta. Procedemos a eliminar la suciedad de estos componentes utilizando un destornillador o una espátula pequeños. Esta operación deberá realizarse con mucho cuidado para no dañar la blanda superficie de los rodillos, debe tenerse en cuenta que cualquier daño generado a estos elementos afectará el posterior desempeño del mouse. También puede emplearse un hisopo humedecido en alcohol para limpiar los residuos de polvo más finos.

- Como último paso colocamos la bola en su posición original y la fijamos por medio de la tapa que le sirve de soporte. El mouse es colocado finalmente de vuelta en el puerto de la computadora donde antes se encontraba y se inicializa la misma para que esta cense la presencia del periférico y le asigne el driver correspondiente.

El mouse óptico, en la inmensa mayoría de sus modelos, es un dispositivo mucho más sencillo de limpiar, a continuación se aborda su mantenimiento:

- Desconectamos cuidadosamente el periférico del ordenador, evitando torsiones o tirones bruscos que puedan afectar el conector del ratón o el puerto al que se encuentra anclado. Tras colocar el periférico en una mesa limpia, procedemos a limpiar la superficie externa de su carcasa así como su cable (a menos que se trate de un mouse inalámbrico), para esta tarea ha de emplearse un paño húmedo y suave, desprovisto hasta de la más mínima aspereza, así como un segundo paño igualmente suave pero seco, que retire la humedad y el polvo de las partes tratadas.

- El proceso de limpieza y cuidados es muy parecido, con la diferencia de que no vamos a encontrar una bola al retirar la tapa inferior, sino que en su lugar, encontraremos una o varias lentes circulares que proyectan los rayos de lectura del ratón.

- En este caso debe emplearse un hisopo impregnado con alcohol o en su defecto, un pequeño trozo de algodón, de esta forma limpiamos suavidad y cuidadosamente la superficie de los lentes, así como el área que circunda a los mismos.

- Al término de las operaciones aquí descritas se procede a colocar la tapa inferior del ratón y el proceso de limpieza habrá terminado. El mouse es colocado finalmente de vuelta en el puerto de la computadora donde antes se encontraba y se inicializa la misma para que esta cense la presencia del periférico y le asigne el driver correspondiente. Es conveniente aclarar que en la mayoría de los ratones que emplean puerto USB (universal serial bus), no es estrictamente necesario apagar y encender el ordenador pues la funcionalidad plug-and-play hace que el mouse sea reconocido casi de inmediato por el ordenador.

Otros elementos a tener en cuenta para disfrutar de los buenos oficios de un ratón saludable son: Mantener a este periférico alejado de fuentes de polvo, evitar que reciba golpes, caídas al suelo y derrames de líquidos (café, jugos, refrescos, entre otros) así como limpiar su mousepad o superficie de traslación con regularidad.

Conclusiones:

En las ciencias informáticas se conceptualiza al mouse o ratón de ordenador como aquel periférico de entrada consistente en un dispositivo apuntador que emplea un puntero, flecha o cursor, para declarar los movimientos que le son aplicados por el usuario en dos dimensiones (X, Y), esta traslación se refleja en la pantalla de que dispone el ordenador.

El mouse actual es ergonómico, ligero y de fácil desplazamiento, se ajusta naturalmente a la mano y dispone de una dotación de botones (entre otros elementos adicionales) que mejoran exponencialmente la experiencia del usuario al navegar por el interfaz gráfico de un sistema operativo, activar aplicaciones o manejar las opciones de un menú, incluso acudir a los recursos adicionales de un menú contextual dado.

El primer prototipo de mouse vio la luz en otoño de 1968, de la mano de sus creadores Douglas Engelbart y Bill English. La verdadera expansión del mouse se registra a partir de la proliferación de las interfaces gráficas de usuario, punto a partir del cual comenzó a tener éxito y aceptación este periférico lo cual incentivó su utilización cada vez más frecuente así como la aparición de nuevos modelos e innovadoras soluciones en lo que respecta a su arquitectura, haciéndoles ganar en durabilidad, versatilidad y precisión.

Como todo artefacto construido por las manos del hombre, el mouse requiere de un mantenimiento periódico, así como de ciertos cuidados para lograr su más óptimo desempeño y prolongar su vida útil.

Referencias Bibliográficas:

1. Pérez Porto J, Gardey A. Definición de mouse [Internet]. Definición.de. 2009 [citado 3 de enero de 2018]. Disponible en: https://definicion.de/mouse/

2. Velasco J. Historia de la tecnología: el Mouse [Internet]. Hipertextual. 2012 [citado 3 de enero de 2018]. Disponible en: https://hipertextual.com/2012/02/historia-de-la-tecnologia-el-mouse

3. kazmeyer M. Tres diferentes tipos de mouse [Internet]. techlandia.com, Leaf Group Ltd. [citado 3 de enero de 2018]. Disponible en: https://techlandia.com/tres-diferentes-tipos-mouse-info_318244/

4. DocSlide startup project. Dispositivos perifericos [Internet]. Comunidad DocSlide. 2017 [citado 3 de enero de 2018]. Disponible en: https://documents.tips/education/dispositivos-perifericos-58fb821b406a7.html

5. Informáticahoy.com. Historia de la computadora: La historia del mouse [Internet]. Informaticahoy. 2012 [citado 5 de enero de 2018]. Disponible en: https://www.informatica-hoy.com.ar/historia-de-la-computadora/Historia-mouse.php

6. del Porto Blanco C. El mouse. Revista GIGA Colombus Conectividad. 1999;1:10-7.

7. Muñoz Cantera A. Breve historia del ratón. Tecnologías empleadas, características e interfaces más comunes [Internet]. Sitio Web MaRTE. Universidad de Cantabria. [citado 6 de enero de 2018]. Disponible en: https://marte.unican.es/projects/angelmunozcantera/Anexo_Intro_Raton.pdf

Nota del autor: Las Imágenes utilizadas en este ensayo académico se encuentran todas bajo licencia Careative Commons 0 (CC0) y han sido obtenidas en http://Pixabay.com

www.ingramcontent.com/pod-product-compliance
Lightning Source LLC
La Vergne TN
LVHW042323060326
832902LV00010B/1696